貝多芬的世界足跡地圖

貝多芬相關的地點和時間。

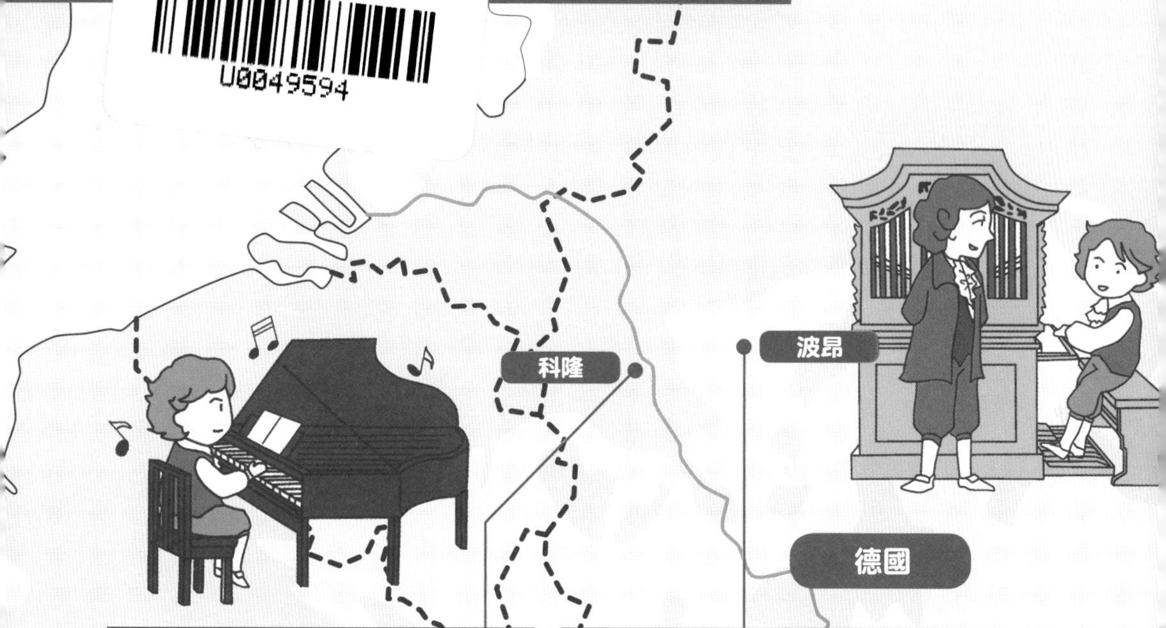

1778年　參加演奏會，第一次在觀眾面前演奏鋼琴。

1770年　出生於現在的德國波昂，是父親約翰和母親瑪麗亞的第一個兒子。

1774年　開始向父親約翰學習鋼琴等樂器。

1781年　開始跟宮廷風琴演奏家奈弗學習風琴及作曲。

1782年　譜出《以戴斯勒先生一首進行曲爲主題的羽管鍵琴變奏曲》，並且第一次出版樂譜。

1788年　結識華爾斯坦伯爵，並獲得伯爵的贊助。

1789年　進入波昂大學就讀。

1802年　耳疾惡化，前往海利肯施塔特療養。

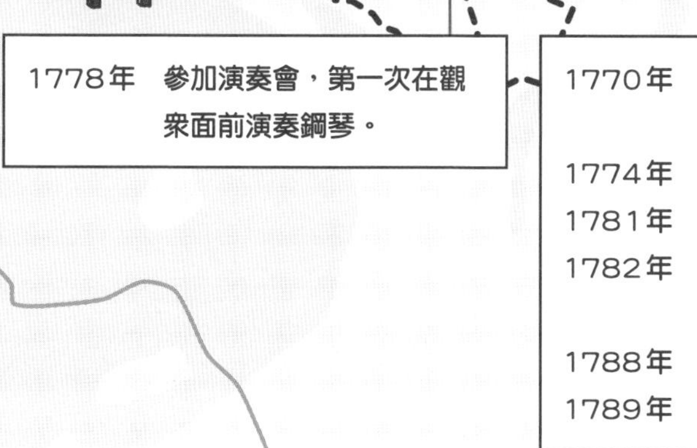

漫畫：迎夏生（Mukai Natsumi）

漫畫家。著有《漫畫版幸運騎士》、《精靈天使》、《迎夏生作品集～極東平原～》、《+ANIMA 幻獸天使》、《奪寶奇俠》（電擊COMICS）、《Nui！布偶軍團》（CR COMICS）等。小說插畫除了《幸運騎士》之外，還有《天才偵探　拓爾》（深澤美潮著／POPLAR COLORFUL文庫）。

監修：YAMAHA MUSIC MEDIA

1994年設立。除了「貝多芬」與「莫札特」等古典音樂樂譜外，還出版、製作音樂雜誌及書籍等，也輸入外文書籍和樂譜。另外，也經營網路音樂下載等，相關事業涵蓋範圍非常廣泛。

漫畫版
世界偉人傳記
②
貝多芬

漫畫：迎夏生　監修：YAMAHA MUSIC MEDIA

漫畫版
世界偉人傳記②

貝多芬

目錄

※本作品為參考歷史文獻改編而成的漫畫。

登場人物介紹

貝多芬(Beethoven)

古典樂的代表性作曲家。雖然不幸喪失了聽力，但是仍舊留下不計其數的名曲，帶給後世作曲家莫大的影響。

約翰(Johann)

貝多芬的父親。發現兒子的天賦，從貝多芬小時候便嚴加指導。既是宮廷音樂家，也是聲樂家。

莫札特(Mozart)

從小就被稱為神童的天才音樂家，一生創作超過600首樂曲。相傳莫札特只見了貝多芬一面，就看出貝多芬的音樂才華。

海頓(Haydn)

青年時期學會作曲，受雇於匈牙利宮廷。海頓與許多作曲家都有往來交流。雖然收了貝多芬為徒，但其實很少指導貝多芬。

卡爾(Karl)

弟弟卡斯帕的兒子。弟弟過世後，由貝多芬照顧卡爾，但是兩人感情不睦，卡爾20歲時曾試圖自殺，後來離貝多芬而去。

史蒂芬(Stephan)

貝多芬從年輕時就認識的朋友，即使歲月增長，兩人仍舊互相支持鼓勵。感情親近到後來貝多芬甚至將遺書交給史蒂芬保管。

特蕾莎(Therese)

匈牙利伯爵千金。相傳貝多芬譜了《給愛麗絲》這首樂曲獻給特蕾莎，向她示愛。

奈弗(Neefe)

貝多芬的音樂老師奈弗，發現貝多芬不止有演奏鋼琴的天賦，還有作曲的才華，於是奈弗也教導貝多芬作曲的方法。

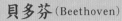

第1章　波昂的小小音樂家

※當時屬於神聖羅馬帝國（現在是德國領土）。

爸爸，我希望你能幫這孩子命名！
是嗎？那麼，就叫做……
路德維希……
路德維希・范・貝多芬……！
祖父路德維希，替剛出生的孫子取了跟自己一樣的名字。
波昂當時由※選帝侯腓特烈國王統治。
祖父是宮廷樂團的樂團長※※，
父親則是同一支宮廷樂團的歌手。

※神聖羅馬帝國中，有資格成為德意志王或羅馬王的貴族。

※※指揮。

※路德維希的暱稱。
路易，你喜歡鋼琴嗎？※
很好、很好，那爺爺教你彈鋼琴吧！
嗯！
這樣對不對？
鋼琴聲
鋼琴聲
鋼琴聲
!!
那是我剛剛彈奏的曲子!?
才聽一次就立刻記住了!?
路易才2歲而已！

約翰！
砰
路易將來說不定會成為空前絕後的大音樂家喔！
你說什麼？
當時，奧地利有一名非常活躍的天才音樂家，那個人正是莫札特※。
莫札特
16歲
我的兒子會成為天才音樂家嗎……
呵呵……
老公，你看起來似乎很開心呢！

※奧地利的作曲家，也是鋼琴演奏家。

一七七三年
貝多芬最愛的祖父不幸過世了。
爺爺……!!
……以後就由爸爸教你音樂吧！
你一定要成為跟爺爺一樣了不起的音樂家喔！
爸爸……
嗯……！
……我要成為像爺爺一樣的音樂家……！

從那時起，
貝多芬便開始了嚴格
的鋼琴練習課程。
彈錯了！
不是那根
手指！
鞭打
仔細看
樂譜！
再一次！
父親的教法
非常粗暴。
是……

那首曲子是什麼！
我可沒教過你那種曲子喔！
我腦袋裡自己出現了旋律，
所以我就把它彈了出來。
很好玩喔！
那就是所謂的即興演奏。
你說什麼……？
不准頂嘴！
你只要照樂譜彈奏就好了！
啪！
是……我知道了。

咕嚕
咕嚕
咕嚕
老公……你怎麼又喝那麼多酒……
吵死了！
自從身為樂團長的祖父過世後，貝多芬家的收入銳減——
約翰
弟弟們相繼出生，一家子的生活越來越清苦。
卡斯帕
父親喜歡喝酒，他將微薄的薪水全拿去買酒喝個精光。
爸爸……

一定要把路易培養成第二個莫札特！
這麼一來，就能賺到大筆錢財……！
……
鋼琴的練習從早持續到晚。
給我彈！
依照樂譜，正確地演奏！
……
砰
路易！
我剛剛叫你練習的樂曲，你記住了嗎？
啊……
還沒……

關門
喀嚓！
爸爸!?
在你練好之前，一步都不准踏出這個房間！
聽到了沒？
當時還曾發生這樣的事——
呼——呼——
呼——
咚！咚！咚！
老公！孩子們已經睡著了！
嗯……
滾開！
喂，起來！
去練習！
咦……？

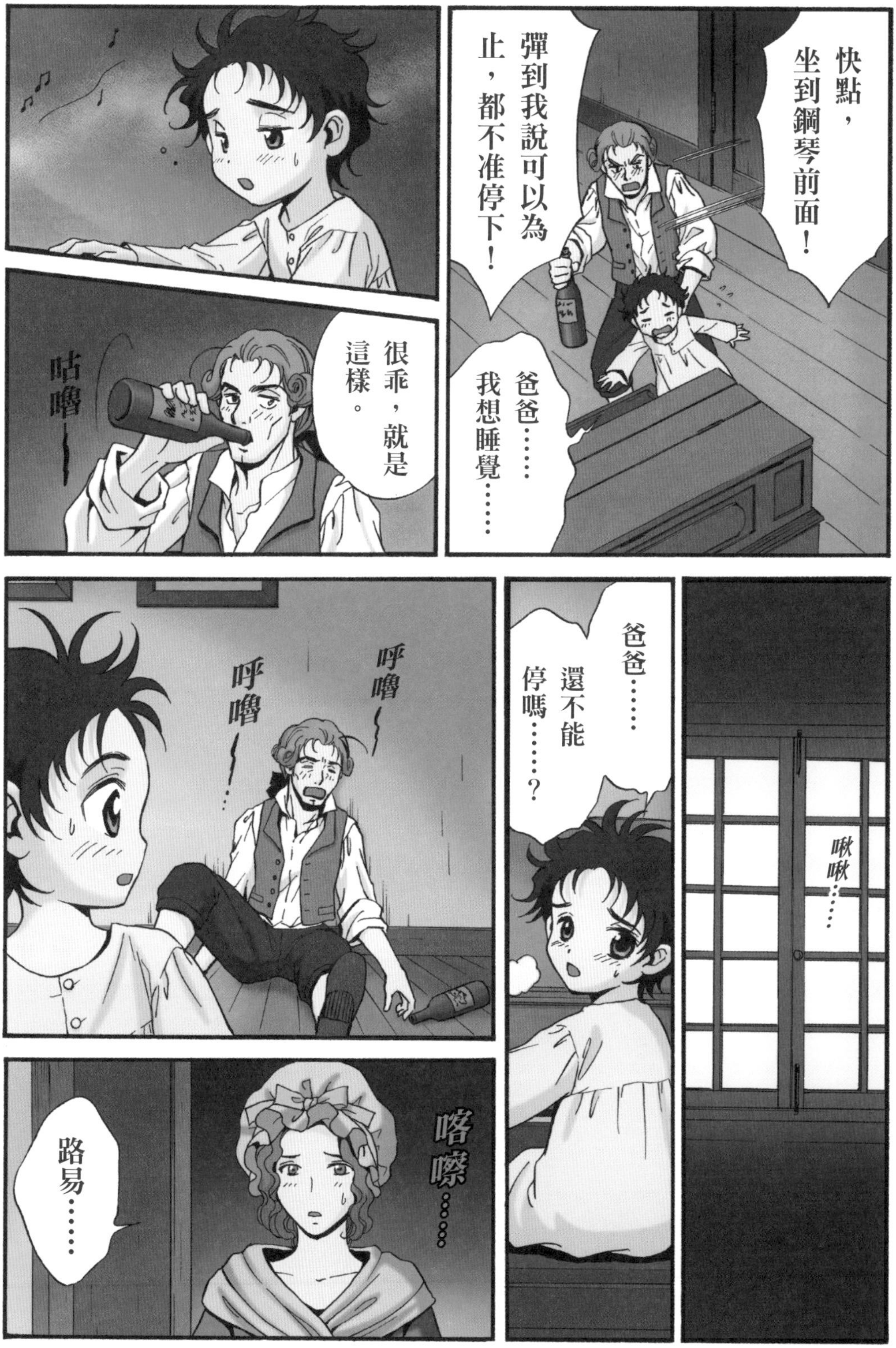
快點，坐到鋼琴前面！
彈到我說可以為止，都不准停下！
爸爸……我想睡覺……
很乖，就是這樣。
咕嚕～
爸爸……還不能停嗎……？
呼嚕～
呼嚕～……
啾啾……
喀嚓……
路易……

※德國都市，從波昂往北約25公里。

聽說那孩子才6歲。
哎呀，跟莫札特當年出道時一樣大呢！
父親謊稱貝多芬的年紀只有「6歲」。
莫札特6歲
因為年紀越小，越容易被觀眾譽為「神童」※。
他雖然彈得很好……
但還是比不上莫札特。
而且又不起眼，沒辦法讓人眼睛一亮。

※擁有優秀才華的小孩。

我的指導，頂多只能讓他這樣……
我畢竟是歌手，不是鋼琴家……
那之後，貝多芬跟著父親的朋友菲佛，
以及宮廷音樂家艾登學習鋼琴。
你的即興演奏非常好。
請你多多練習！
艾登老師……！
但是，艾登後來生了一場病，貝多芬只好去跟新的老師學習。
新老師……
希望不要是可怕的老師……

你就是貝多芬嗎？
我是奈弗，請多指教。
宮廷音樂家　克里斯蒂安・戈特洛寶・奈弗（Christian Gottlob Neefe）
敬……敬請多多指教。
好，你先彈奏這首曲子看看。
完全不行。
基礎根本沒打好！
怎麼會……我以為我彈得不錯耶！

但是你放心！
以後我會教你的。
微笑
老師……！
我們先來練習巴哈※的《平均律鍵盤曲集》吧！
可以讓你學會基礎。
好！
奈弗指導貝多芬的方式，既嚴格又溫柔。
※人稱「音樂之父」的德國作曲家。

奈弗老師，謝謝你。
貝多芬……那孩子有天賦！
他一定能成為「第二個莫札特」！
從那之後——
我出門旅行的這段期間，你可以代替我彈奏教堂的風琴嗎？
我……我嗎？
你寫的曲子，我幫你拿去出版吧？
出版!?
就這樣，在老師的傾力相助下，貝多芬逐漸成長為一名音樂家。
……然而，

一七八四年四月，
選帝侯腓特烈過世。
他的過世
也使得貝多芬父親
宮廷歌手的職位
遭到革職。
怎麼辦……
爸爸的薪水
沒了……
弟弟們年紀
還那麼小……
這時候貝多芬
也結交了新的
朋友。
貝多芬，
你的音樂真的
太棒了！
一定要讓
更多人聽見你
的音樂！
醫學生　法蘭茲‧葛哈德‧韋格勒
（Franz Gerhard Wegeler）
嗯？
他沒什麼
精神。
唉唉……

對了、對了！
你要不要跟我去我朋友家玩？
他們一家人都很喜歡音樂。
我可以嗎？
當時，※上流階級將音樂當成一種嗜好。
※貴族或大地主等。
布洛寧夫人
埃莉諾
貝多芬，
聽說你非常擅長彈鋼琴。
我們家埃莉諾怎麼彈都彈不好。
羅倫茲
我也想要把鋼琴彈得更好！
讓我們當好朋友吧！
啊，好！

布洛寧夫人年紀輕輕丈夫就過世了，她和三個小孩一同生活。
老師，請你跟我們一起用餐吧！
咦？
啊……謝謝妳的款待。
哎呀，襯衫有點亂了。
不好意思……
我想學小提琴。
你要不要一起試試看？
史蒂芬・布洛寧
（Stephan von Breuning）
一……一起學？
可以嗎？
我們已經是朋友了吧？
你別那麼見外嘛！
拍

布洛寧家常有年輕人聚集在一起，談論藝術或學問。
我家藏書很多，你想看什麼書，儘管拿去看。
貝多芬，你真的應該去維也納※才對！
可以聽到莫札特的演奏喔！
維也納嗎……
莫札特……
同一年，新任選帝侯即位。
這位年輕的國王特別熱愛音樂。
科隆大主教・選帝侯
馬克思・弗蘭茲
（Maximilian Francis）

※被稱為「藝術之都」，聚集了許多才華洋溢的音樂家。

第2章　前往維也納

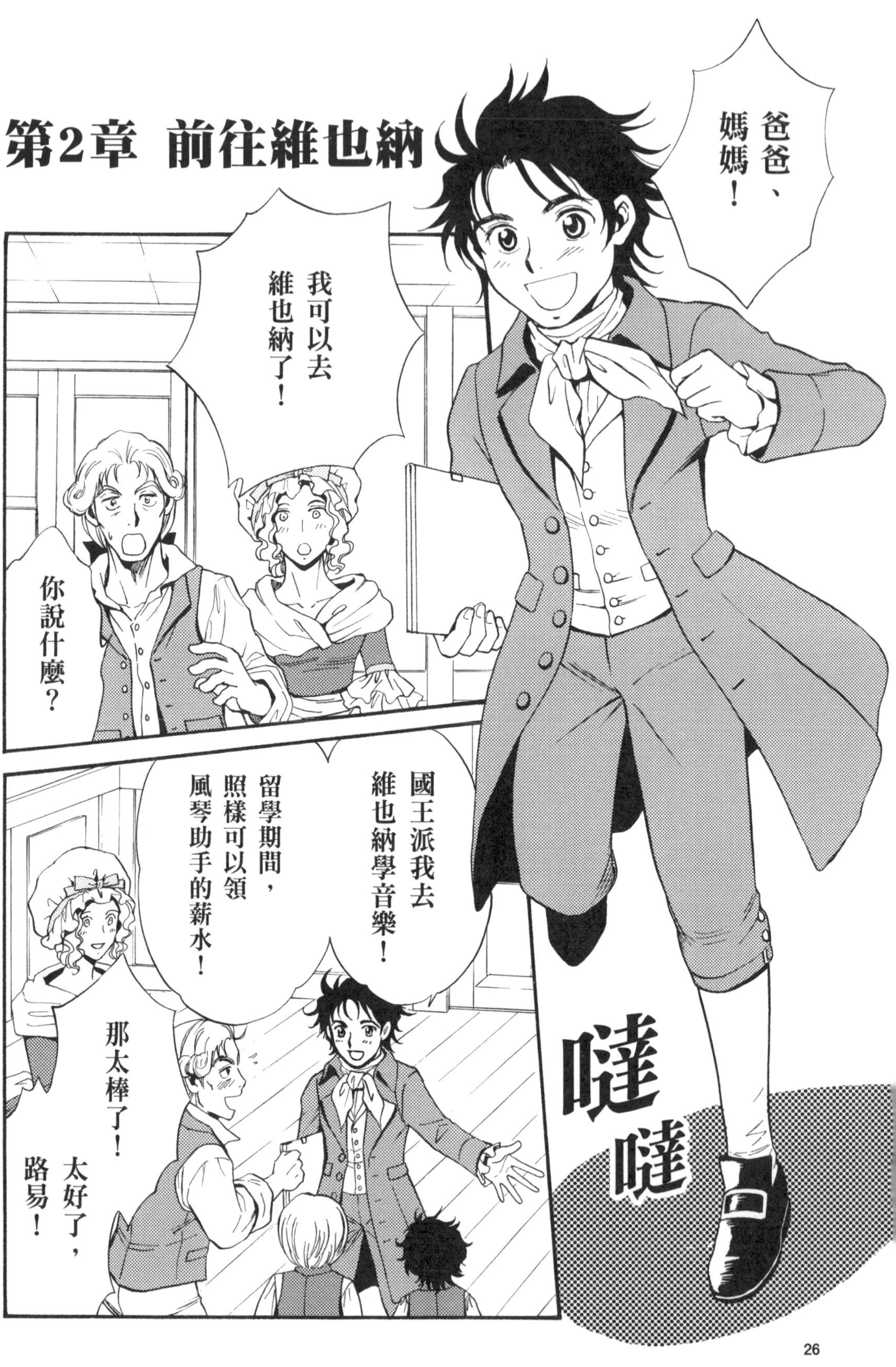
爸爸、媽媽！
我可以去維也納了！
你說什麼？
國王派我去維也納學音樂！
留學期間，照樣可以領風琴助手的薪水！
噠噠
那太棒了！
太好了，路易！

一七八七年四月，
17歲的貝多芬
第一次來到
藝術之都維也納。
街道多麼寬敞
又美麗啊！
不僅如此，
這座城鎮上
還有那個人
在……！
波昂的
宮廷風琴助手……
貝多芬……？
沃夫岡・
阿瑪迪斯・莫札特

哼嗯，你彈一下給我聽聽看。
是！
彈莫札特老師的曲子吧！
怦怦
怦怦
怦怦
我竟然可以演奏曲子給我最崇拜的人聽……
嗯，還不錯，你彈得很好。
！
拍手
拍手
拍手
這樣的演奏，無法在老師心中留下印象！
莫札特老師完全沒有感動的樣子。
那就這樣吧！
莫札特老師，請等一下！

請你給我一點旋律！
我會用你給我的旋律作曲並演奏！
即興演奏嗎？
鋼琴聲
好，那試試這個！
貝多芬當場創作出一首曲子並演奏。
…………
莫札特的朋友躲在隔壁房間。

你們都聽到他譜的那首樂曲了嗎？
總有一天，他一定會成為了不起的音樂家，為人們帶來感動……！
喂，莫札特，你去哪裡？
我也得回去彈琴了！
……奇怪？
呆站原地……
莫札特老師呢……？
但是貝多芬並不知道莫札特給他的評價。
這是兩人第一次見面，也是最後一次。然後就在一七九一年，莫札特過世了，享年35歲。

貝多芬接獲母親瑪麗亞罹患重病的消息……
喀啦喀啦
貝多芬在維也納留學的時光，短短兩週就畫下句點。
還沒抵達波昂嗎？快一點！
喀啦喀啦
媽媽！
砰
……啊啊，路易。
你回來了呀！
真是對不起……

我沒有關係。
我會陪在妳身邊，妳要快點好起來……
兩個月後——
母親瑪麗亞蒙主寵召。
瑪……瑪麗亞！
媽媽……！
留下父親和兩個弟弟。
卡斯帕
約翰
瑪麗亞、瑪麗亞……
貝多芬不得不留在波昂工作，以維持一家生計。
他從事宮廷風琴演奏員和鋼琴教師的工作。

一七八八年，
他成為國立劇場管弦樂團的中提琴手。
他在布洛寧家也有了新的際遇。
！
維也納貴族
華爾斯坦伯爵

這……這個人，
他擁有的天賦非常驚人……！
史蒂芬！他就是貝多芬嗎？
沒錯。
你也覺得他是個很棒的音樂家吧？
可是……他日子過得很辛苦。
因為他父親成天酗酒，所以他得負責照顧兩個弟弟。
原來如此……
這樣子，他一定沒辦法盡情學習音樂吧？
我該怎麼幫助這個才華洋溢的年輕人呢……
我是華爾斯坦，請多指教。
我叫貝多芬，敬請多多指教。
對了！
貝多芬先生，您的行李送到了！

這……
這是……
這……這麼氣派的鋼琴……到底是誰送來的……？
噓！
其實是選帝侯私下拜託我的……
這架鋼琴是選帝侯送你的禮物，
咳咳！
國王送的!?
那就恭敬不如從命，只能收下了……
伯爵為了不讓貝多芬發現而撒了謊。

一七八九年，19歲的貝多芬進入波昂大學哲學系就讀。
他在這裡遇見了非常重要的東西。
那就是詩人席勒※（Schiller）的長篇詩《歡樂頌》※※。
這首詩的境界太美了……！
總有一天，我一定要為這首詩譜上曲子！
——這一年的法國，
追求自由的民眾發起了一場戰爭（法國大革命）。

※德國的詩人兼劇作家。

※※內容在讚頌人類慈愛及消弭歧視、人人平等的兄弟情誼。

一七九二年七月。
奈弗老師，你找我嗎？
喀嚓
咦？華爾斯坦伯爵也在……？
貝多芬，我有個好消息要告訴你！
原來維也納的※海頓大師，
看過2年前你創作演奏的《清唱劇》（Cantata，又稱為康塔塔）！
幾個月前——
那個名叫貝多芬的青年，才華非常出眾。
如果他來到維也納，請他過來我這裡，我願意教授他！
作曲家
法蘭茲·約瑟夫·海頓

※奧地利的作曲家。被稱為「交響樂之父」。

伯爵和選帝侯也都對你讚譽有加。
宮廷甚至願意出錢讓你去留學喔！
我立刻幫你寫介紹函給維也納的貴族，
你記得去拜訪他們，讓他們記住你的臉！
是！
哥哥，一路順風！
路易！你好好加油喔！
就這樣，貝多芬啟程，
喀啦—喀啦—
前往海頓所在的維也納。

第二次來到維也納的貝多芬為了展開新生活，變得非常忙碌。
要先找好住處，然後買架鋼琴才行……
搔頭
搔頭
還有……
搔頭……
嘻嘻
嘻嘻
看來還得好好整理一下自己的服裝儀容才行……
搔頭
搔頭
唔—嗯…
不對！要讓大家聽我的音樂才對！
我來這裡，不是為了給大家看我的裝扮！
我要抬頭挺胸當一個音樂家！
來到維也納，經過一個半月後的某一天……
信……
卡斯帕寄來的？

!
爸爸
死了!?
爸爸……
兩個弟弟……
用力
可是我現在
還不能回波昂，
請原諒我！
我必須在維也
納成為一名音
樂家……！

貝多芬成為
知名作曲家
海頓的徒弟。
瞄
時間到了……
下次見。
咦咦!?
海頓老師，
這首曲子還沒……！
我弄錯的地方，
他也沒幫我訂正。
這樣我來維也
納不就沒意義
了嗎！
好！
去找其他的
老師教我吧！
噠ー

貝多芬向宮廷音樂家阿爾布雷希茨貝格（Albrechtsberger），以及宮廷樂團長薩列里（Salieri）學習音樂。
海頓雖然給貝多芬的演奏很高的評價，
但是貝多芬創作的曲子太過新穎，海頓似乎無法理解。
我實在搞不懂那男人。
當時的音樂是專供貴族聆賞的東西。
在華爾斯坦伯爵的介紹下，貝多芬也開始在貴族沙龍※演奏。
哎呀……
騷動…
那位紳士是誰？

※專門用來接待客人的房間。

快步
快步
快步
快步
哎呀……
好蠻※橫的人！
還有那頭亂髮！髒兮兮的衣服！
他是誰？會不會是走錯地方，不小心闖進來的？
坐下……
咦？是鋼琴家？
※蠻橫：囂張、目中無人的態度。

騷動
不同於不修邊幅的外表，貝多芬的演奏細膩動人，深深抓住那群貴族的心。
前所未有的音樂家！
你的指法太精湛了！
不僅如此，即興彈奏也讓他打響了名號。
時間來到一七九五年，
城堡劇院※舉辦了一場慈善音樂會。

※位於維也納的奧地利國立劇院。

貝多芬創作的《第二鋼琴協奏曲》，
掌聲如雷
啪 啪 啪
啪 啪
演奏後佳評如潮，音樂會非常成功。
貝多芬的名聲從此傳遍整個歐洲。

第3章　聽不見聲音！

一七九八年。
吵雜
吵雜…
唔……
這是什麼聲音？吵死人了……
起身
是風聲嗎？
吵雜
吵雜…
吵雜…
啊！
不是風聲……！
聲音出現在耳朵深處……！
他的耳鳴越來越嚴重。
然後——

啊！
那不是貝多芬嗎？
貝多芬！
……貝多芬！
啪嗒
驚嚇
你怎麼了？我們叫你，你竟然裝作沒聽到，未免太過分了！
不……抱歉，我在想事情，沒注意到你們。
貝多芬那傢伙，最近總是愛理不理的。
他變得很難相處。
……耳鳴吵得我聽不見……
我聽不見別人的聲音！

鋼琴的聲音還聽得到……
咚—
咚—
可是……
再這樣下去，萬一連鋼琴的聲音也聽不見了，那該怎麼辦？
我的音樂會怎麼樣？
我的人生又會如何!?
砰
咚
絕對不能讓別人知道這件事……！
沒有人會想雇用耳朵聽不見的音樂家！
我不會輸的！
我一定要戰勝命運……！
就像是要對抗疾病帶來的痛苦一樣，貝多芬創作了《第八鋼琴奏鳴曲》〈悲愴〉。

一八〇〇年，
貝多芬開始教授伯爵千金鋼琴。
這首樂曲太困難了！
約瑟芬·布倫斯維克
約瑟芬，妳彈得還不錯呀！
特蕾莎·布倫斯維克
對……
再強一點！
こそっ
什麼人!?
打擾我們上課的是誰！
呀啊！

呵呵……被你發現了。
貝多芬老師你好！
伯爵千金
茱麗葉塔‧圭察迪
啊啊……老師，她是我們的表妹茱麗葉塔。
老師，你也教我彈鋼琴嘛！
好……好！
茱麗葉塔，16歲——
30歲的貝多芬愛上了這名充滿魅力的少女。

姊姊，妳看！
咦？
老師竟然梳了頭髮！
衣服也換成新的了！
戀愛的力量真是驚人呢……
真的……
茱麗葉塔……
我在樂曲中寫進了我的感受，
我把這首曲子獻給妳。
這首樂曲就是後來被稱為《月光》的《第十四鋼琴奏鳴曲》。

然而——
妳說什麼……？
茱麗葉塔要結婚了……！？
沒錯……對象是加倫堡伯爵……
所以她說以後沒辦法再跟你見面了……
怎麼會……
我可以感受到茱麗葉塔也是愛著我的，但是……
只因為我不是貴族——
是這樣嗎！？
當時的社會，不允許身分不同的人結婚。
這件事深深傷害了貝多芬的心。

不僅如此，
他的耳朵惡化得越來越厲害。
吵雜
吵雜
吵雜
吵雜
貝多芬仍然對外隱瞞耳朵的疾病，
但是他在寫給醫師好友韋格勒的信裡，將這件事全盤托出。
我的耳朵從三年前開始，就越來越聽不清楚。
我努力不讓別人發現這件事情。
!
我真是個可悲的人啊……
請你務必幫我保守這個祕密。
貝多芬……

貝多芬曾經就醫，但耳朵還是沒有獲得改善。
……你有沒有考慮過找個安靜的地方休養？
我建議你讓耳朵和身心好好休息一陣子。
老師，這個村莊給人的感覺好舒服喔！
一八〇二年，維也納郊外的海利肯施塔特。
那是個綠意盎然的村莊，貝多芬在那裡開始了愜意悠哉的田園生活。
徒弟
費迪南德・里斯

某一天，他們依照每天的慣例出門散步時……
啊啊……
身心彷彿都被洗滌乾淨了……
啾啾啾……
嗶啾啾……
啾啾……
……哎呀？
老師，怎麼了？
教堂平常都會打鐘，今天怎麼沒聽到鐘聲？
今天是怎麼回事？
里斯，你怎麼了？
……

啊！
鐘聲響了……！
只是我聽不到……
我聽不到……！
再這樣下去，以後都聽不到聲音了嗎……？
我完蛋了，我完蛋了……！
起身…
貝多芬情緒激昂地拿起了筆。
給兩個弟弟…

你們認為我討厭別人，其實其中隱藏著不可告人的原因。
我的耳朵從很久以前就聽不到了。
但是我卻沒辦法將這件事告訴別人，只能過著痛苦孤獨的生活。
旁人聽得到的聲音，我卻聽不見。
每次碰上這種情況，總讓我更加絕望。
讓我逐漸抵擋不住死亡的誘惑。
書寫……
滋滋……

但是，
音樂阻止了我！
在我將內心感受到的一切，全部化作音樂呈現出來之前，
我還不能離開這個世界……
老師……
不知道他要不要緊……
磨豆聲
啊！
咚……
咚咚……
咚
老師……!?

老……
即使耳朵聽不見了，我的內心也感受得到音樂。
我的心聽得到聲音……！
寫完遺書※後，貝多芬彷彿脫胎換骨般，全心投入在作曲之上。
這時候他創作出來的是，充滿光明希望的《第二交響曲》。

※他寫給弟弟們的信。

第4章　誕生的名曲

回到維也納後，貝多芬決定不再隱瞞耳朵的疾病。
他還是聽不清楚別人說話的聲音，
於是他開始使用助聽器輔助自己。
即使如此，貝多芬仍舊越來越不願意跟別人打交道，
經常一個人※埋頭作曲。

※專心熱衷於一件事情上。

一八〇四年
終於完成了！
老師，那是新的交響曲，對吧！
沒錯……
是《第三交響曲》。
貝多芬在這首曲子中寫下「紀念拿破崙的功績」。
熱愛自由與平等的貝多芬，將這首曲子獻給人在法國、
為了民眾發起革命、廢除君主制度的拿破崙※・波拿巴。
然而──
砰
老師！
不得了了！

※法國的軍人兼政治家。

拿破崙為自己加冕，
成為法國國王了……！
什麼……
……！
而且聽說他還打算
讓自己的兒子繼承
王位。
發抖
發抖
發抖……
老……
老師……！？
第三交響曲
紀念拿破崙的功績
亂畫
亂畫
亂畫
亂畫
第三交響曲

我還以為他是為了民眾挺身抗戰的男人，
沒想到他跟其他人一樣，只是想獲得權力罷了!!
他塗掉原本寫下的文字，改成「紀念一位英雄的功績」。
從此之後，大家便以《英雄》稱呼這首樂曲。

※圖中「バシィッ」日文狀聲詞音近「啪啪」，形容摔東西的聲音。

貝多芬遇見了從前教過的學生約瑟芬。
約瑟芬的丈夫戴姆伯爵突然過世，她成了一名寡婦。
……約瑟芬。
好久不見……我聽說伯爵過世了……
老……老師……！
老師，我好想你……！
約瑟芬！
衝
對……對不起。
分開
因為我一直獨自傷心哭泣，所以忍不住……

貝多芬再次回到約瑟芬家，教授她鋼琴。
約瑟芬……
見到妳的時候，我早就下定決心，不會對妳懷抱任何感情……
但是，妳卻動搖了我的決心……！
喀噠……

貝多芬將他對約瑟芬的感覺化為樂章，
創作出《第二十三鋼琴奏鳴曲——熱情》。
兩人的愛情持續了三年，但是——
老師……我無法回應你的心意。
我孩子的父親是伯爵……
我無法跟你結婚。
為什麼？約瑟芬！
約瑟芬……

之後，約瑟芬和
史塔克柏格男爵再婚。
身分的差距，再次阻
撓貝多芬的戀情。
一八〇八年
海利肯施塔特
喀
喀
喀
貝多芬的徒弟
徹爾尼（Czerny）
咚咚咚咚咚咚—
哇!?

咚咚咚咚咚！
老師……剛剛的鋼琴聲雖然很震撼人心，不過那代表著什麼呢？
啊啊，這是……
「命運」敲門的聲音。
所謂的命運就是即使你不希望見到它，它還是會毫不在乎地找上門來。
咚咚咚咚咚！
一般認為這就是《第五交響曲》被稱為《命運》的原因。

聽力逐漸惡化的貝多芬，非常喜歡海利肯施塔特的寧靜。
田園的自然景致，平撫了貝多芬的內心。
啾啾啾……
嗶——
小鳥啾啁鳴叫——
微風吹拂，小溪流水潺潺。
農民們快樂地歌唱跳舞。

貝多芬隨身攜帶筆記本，他在裡頭寫下從大自然中浮現的感受。
他寫下對大自然的感恩之心——
於是便誕生了《第六交響曲——田園》。
這時候，維也納遭到法國軍隊占領。
貴族紛紛逃離維也納，音樂會也跟著減少。

不再依賴貴族，而是為了一般市民創作音樂的貝多芬，收入變得不穩定。
萬一工作沒了，該怎麼辦……
同時他也得擔心逐漸惡化的耳朵和自己的健康。
你說什麼？你要去卡塞爾市？
沒錯！
有人邀我去西伐利亞王國※（Westphalia）首都卡塞爾市，擔任宮廷樂團長……
事情不好了！
千萬不可以讓貝多芬離開維也納！
貝多芬的幾名貴族朋友決定出資，提供年金給貝多芬。
我們會想辦法讓你放心創作音樂的，拜託你別走！

※過去位於德國東部易北河西方的國家。

魯道夫大公、洛伯科維茨侯爵及欽斯基侯爵更向貝多芬保證，會一輩子支付他年金以供他創作。
這麼一來，就不用擔心生活了……
可是……
你說什麼!?
你想結婚!?
朋友
格萊亨斯坦男爵
太好了！我幫你找找適合你的女性，介紹給你認識吧！
年近40的貝多芬，很希望從女性那裡獲得溫暖的愛。
貝多芬老師，歡迎蒞臨！

她們是我女兒，安娜和特蕾莎。
請多指教，貝多芬老師。
安娜·瑪法提
特蕾莎·瑪法提
安娜不行喔！安娜是我的！你明白嗎？
啊啊……我明白。
貝多芬老師，承蒙你光臨寒舍，我實在太榮幸了！
請你也來參加夜會※！
※上流階級在晚上舉辦的音樂會。
瑪法提家雖然家財萬貫，但並不是貴族階級。
瞄
特蕾莎……

美麗動人又具有音樂
天賦的18歲少女，
立刻讓貝多芬
墜入愛河。
我這次，
一定要獲得
她的愛……！
對了！
得去公所領取
結婚需要的證
明書才行！
拜託韋格勒
幫我吧！

但是──
貝多芬先生，
聽說你想跟特蕾莎結婚，是嗎？
你是我女兒的鋼琴教師──
除此之外什麼都不是，希望你搞清楚！
特蕾莎！妳也聽到了吧！
那種事情……我一開始就知道了！
我們的身分差太多了。

據說特蕾莎就是鋼琴曲《給愛麗絲》中的「愛麗絲」。
聽說是貝多芬過世後，眾人發現《給愛麗絲》時，
將貝多芬寫下的特蕾莎誤認成愛麗絲，所以才會以訛傳訛。
Therese
Elise
另外還有一種說法，認為女高音歌手伊莉莎白※才是「愛麗絲」。
就這樣，貝多芬結婚的夢想再度破滅，從此之後他一直都是一個人，終身未婚——

※暱稱愛麗絲。

第5章 歡喜之歌

一八一二年，征服整個歐洲的拿破崙軍隊，敗給了俄羅斯軍隊。
歐洲各國趁這次機會，一舉擊潰拿破崙的軍隊，
拿破崙被捕，並且被流放到聖赫勒拿島。
就在此時，
貝多芬接連發表了《第七交響曲》及《第八交響曲》，並獲得空前的成功。

另一方面，
你說什麼？
欽斯基侯爵摔下馬，不幸過世了……!?
提供年金給貝多芬的人，接連遭逢不幸。
洛伯科維茨侯爵——破產……
貝多芬的生活變得極為困頓，甚至窮到買不起衣服。
雖然貴族們熱愛貝多芬的音樂，但貝多芬並不是宮廷音樂家。
自由音樂家的收入正是如此地不穩定。

不幸接踵而來。
卡斯帕！你振作一點！
啊啊，大哥……
喘喘
我兒子卡爾……卡爾就拜託你了……
……
卡斯帕！
一八一五年，弟弟卡斯帕過世。
跟母親瑪麗亞一樣死於肺結核。

卡爾……
今天起，你就跟我一起生活吧！
我會代替你爸爸，好好扶養你長大的。
你放心！
卡爾・范・貝多芬
等等！
根據我丈夫留下遺言，應該由我來撫養卡爾才對！
卡爾的母親 約翰娜
妳別擅自作主！
我怎麼能將重要的姪子交給妳！
妳有過犯罪的前科吧！
你說什麼!?
由於遺書中指定貝多芬和約翰娜兩人擔任監護人※，
導致兩人因為卡爾爭執不下。

※法律上照顧未成年人的人。

對貝多芬而言，約翰娜是個不值得尊敬的女性。
他告上法院，好不容易獲得監護權，成為卡爾唯一的監護人。
卡爾！
我會讓你接受最棒的教育。
你想要什麼，儘管說！
是的，伯伯……
卡爾，你太見外了！
你可以儘管跟我撒嬌啊！
摸頭
摸頭

卡爾……
我的家人！我的孩子！
我可得好好照顧他、疼愛他……！
沒結過婚也沒有小孩的貝多芬，
把卡爾當成自己的孩子一樣疼愛他。
雖然收入並不穩定，但是對於卡爾的教育，以及幫忙做家事的女傭，
貝多芬花錢從來不吝惜。
卡爾，你怎麼了？現在該讀書了喔？
你身體不舒服嗎？

媽媽……
我想媽媽……
怒
卡爾……！
那種女人，你就忘了吧！
忘了她才是為你好！
伯伯！
貝多芬想用關愛將卡爾綁在自己身邊。
那卻讓卡爾的心越來越疏遠，最後招致嚴重的後果──
只可惜這時候的貝多芬還沒發現……

咳咳！
咳咳！
咳咳！
或許是照顧卡爾太過疲累了……
伯伯，你還好嗎？
啊啊，卡爾……你不用擔心。
貝多芬變得越來越體弱多病。
我該不會跟媽媽和弟弟一樣，死於肺結核吧……
因為腸胃虛弱，貝多芬從年輕時就常常肚子痛。
耳朵惡化導致他即使使用助聽器，也聽不見別人的聲音。

……
你可以寫在這上面嗎？
貝多芬開始使用「談話冊」進行筆談。
有很長一段時間，貝多芬的身體一直很虛弱。
一八一八年二月
伯伯，你快起來！不得了了！
搖晃
搖晃
唔……嗯？
導致他再也不作曲，不斷思考死亡的事情。
！
喔喔……

那是倫敦的鋼琴製造公司布洛德伍德公司（Broadwood），贈送給貝多芬的鋼琴。
有6個八度的鋼琴……！
而且低音音域變得更廣了！
這架鋼琴僅由布洛德伍德公司
獻給世上最優秀的天才貝多芬。
啊！

那年夏天，避暑勝地梅鐸林克※。
※位於維也納以南約17公里處。
老師又出門散步了嗎？
看他變得這麼有精神，我就放心了。
恢復活力的貝多芬完成了《第二十九鋼琴奏鳴曲》。
我的人生還有音樂。而我現在還能活著，更是值得開心。
上帝啊！感謝祢！

一八一九年
魯道夫大公被任命為大主教。
曾是貝多芬的徒弟
這消息太令人開心了！
我寫一首彌撒曲※，在即位典禮上為他演奏吧！
但是，作曲花了太多時間，趕不及在一八二〇年的即位典禮前完成……
直到一八二三年，他才完成《莊嚴彌撒》。
貝多芬將這首樂曲寫成「讚頌和平的樂曲」。
內容不是人們對上帝的禱告，而是一首祈禱和平的樂曲。
我懂了！
我終於明白自己想寫的是什麼音樂了……！

※在教堂祈禱時使用的合唱曲。

就是席勒的詩歌《歡樂頌》！
我要將這首詩寫成交響樂！
打從貝多芬19歲那天遇見席勒的作品，並下定決心幫那首詩譜曲之後，經過了35年
現在，時刻終於來臨了。
大自然的美麗。
人類的慈愛、人人平等的兄弟情誼。
活著的喜悅、勇氣與希望。
對上帝的感謝。
把這些寫成音樂吧……！

時間來到一八二四年，維也納。
康特納托爾歌劇院
（Theater am Kärntnertor）
聽說這是貝多芬睽違十年創作的交響曲。
議論紛紛
吵雜…
可是，他耳朵不是已經聽不見了嗎？
沒問題嗎？
拉姆勞夫先生，指揮就交給你了。
好的，貝多芬先生，包在我身上！
《第九交響曲》揭開了帷幕。
好！
開始吧……！
沙…

喔喔！
舞臺上站滿人數超過150名的交響樂團、獨唱者及合唱者。
貝多芬站在指揮身旁，控制各樂章的節奏。
輕快但莊重的第一樂章、
暢快活潑的第二樂章、
和緩歌頌的第三樂章、
以及第四樂章——

啊啊，朋友！不是這樣的曲子！
讓我們高唱更加充滿歡樂的歌曲吧！
歡樂！眾神賜予我們的美麗恩典！
在祂溫柔的羽翼下，四海之內皆兄弟。
只要你有真誠以待的朋友、有善良體貼的妻子、
即使孤身一人，但有心靈相通的知己，就一起來高歌歡慶吧！
在上帝的哺育下，普世眾生獲得歡樂。
所有人們不分善惡，全在上帝創造的康莊大道上前進。

彷彿在星辰閃耀的天空中飛行般快樂，
兄弟們，加快腳步！如英雄般，邁向充滿歡喜的勝利！
全世界的人們，接受上帝的慈愛吧！籠罩世界的星空之上，毋庸置疑住著唯一全能的上帝！

……
結束了……
我的《歡樂頌》
……
オオオオオオ
ワーーーーッ！
觀眾獻上如雷的掌聲與喝采……
貝多芬沉浸其中，感受到無比的快樂。

※圖中「オオオ ワ－」日文狀聲詞音近「喔－哇」，形容歡聲雷動的聲音。

最終章 從痛苦轉為喜悅

一八二五年
貝多芬搬到維也納的「黑色西班牙館」居住。
他的老友史蒂芬・布洛寧也住在附近。
貝多芬！
史蒂芬！
膽怯……
哎呀？
你後面跟著一個相當大的「跟屁蟲」喔！
哈哈哈！他是我兒子傑哈德。
貝多芬叔叔，你好。

有空來我家玩吧！
好……謝謝！
……
貝多芬，你臉色很差，你還好嗎？
啊啊……你也知道我從以前就經常肚子痛，現在還是老樣子……
布洛寧一家溫暖的友情，讓體弱多病的貝多芬大為振奮。
促使貝多芬創作了《弦樂四重奏》。

某一天──
卡……卡爾……
試圖自殺!?
貝多芬的期待與關愛，長年來不斷折磨著姪子卡爾，導致他走上絕路。
但是，幸運撿回一條命的卡爾決定從軍──
之後過著平穩的生活。
同年，一八二六年十二月
貝多芬罹患肺炎。
起因是他與弟弟約翰因為卡爾的事情發生爭執，
他頂著冰冷的雨駕駛馬車離去，導致他大病一場。
呼！
呼！

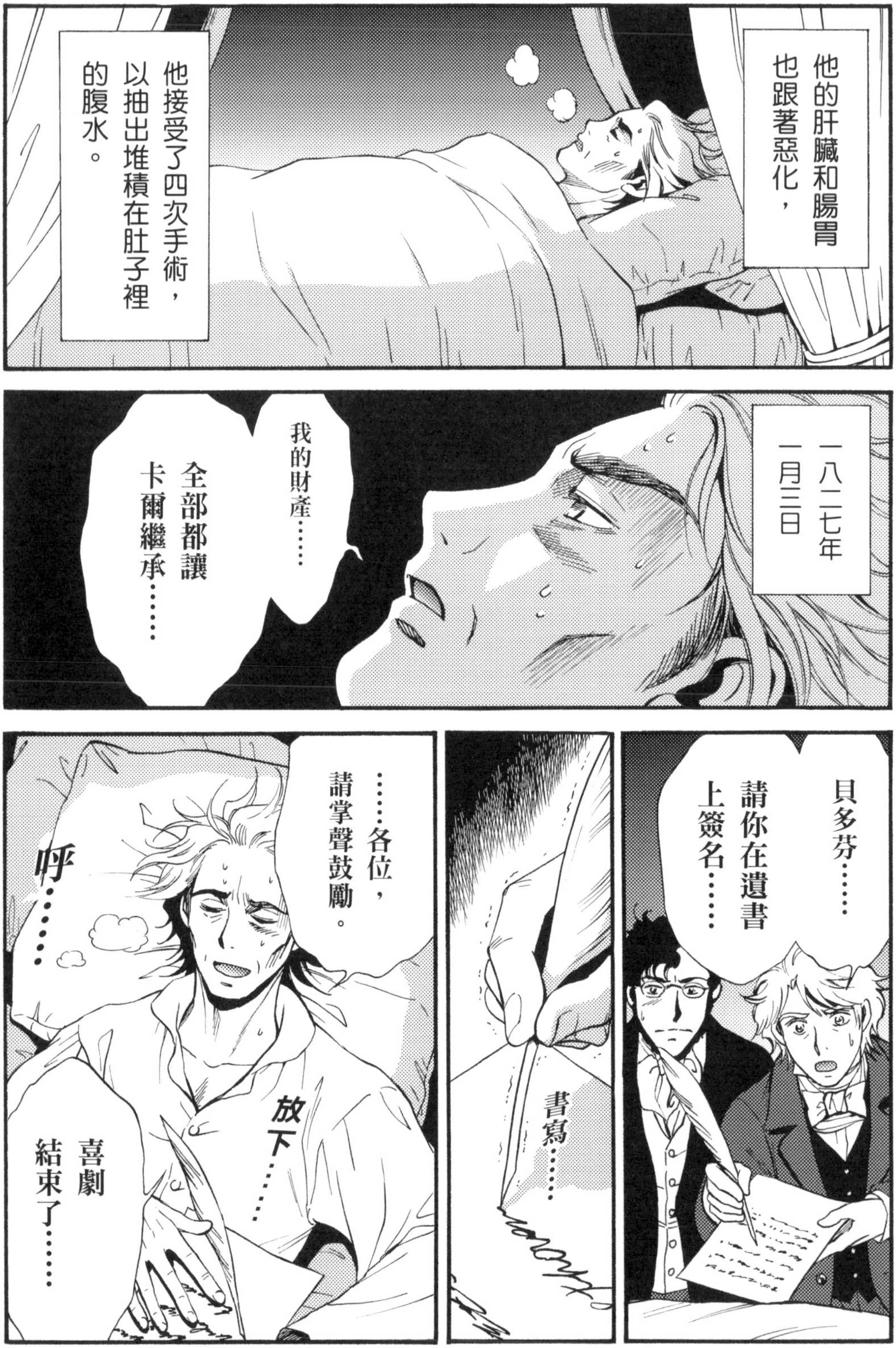
他的肝臟和腸胃也跟著惡化，
他接受了四次手術，以抽出堆積在肚子裡的腹水。
一八二七年一月三日
我的財產……全部都讓卡爾繼承……
貝多芬……請你在遺書上簽名……
書寫……
……各位，請掌聲鼓勵。
放下……
喜劇結束了……
呼……

三月二十六日
轟隆 轟隆 轟隆……
暴風雨來了……
轟隆 轟隆
感覺好像有什麼事情要發生了……
轟隆……
貝多芬叔叔，我……讀書的時間到了，我先去看書喔！
貝多芬的死期漸漸逼近。
當時陪在他身邊的，只有年輕作曲家許騰布萊納。

※圖中「カッ」日文擬態詞，形容強光突然一閃。

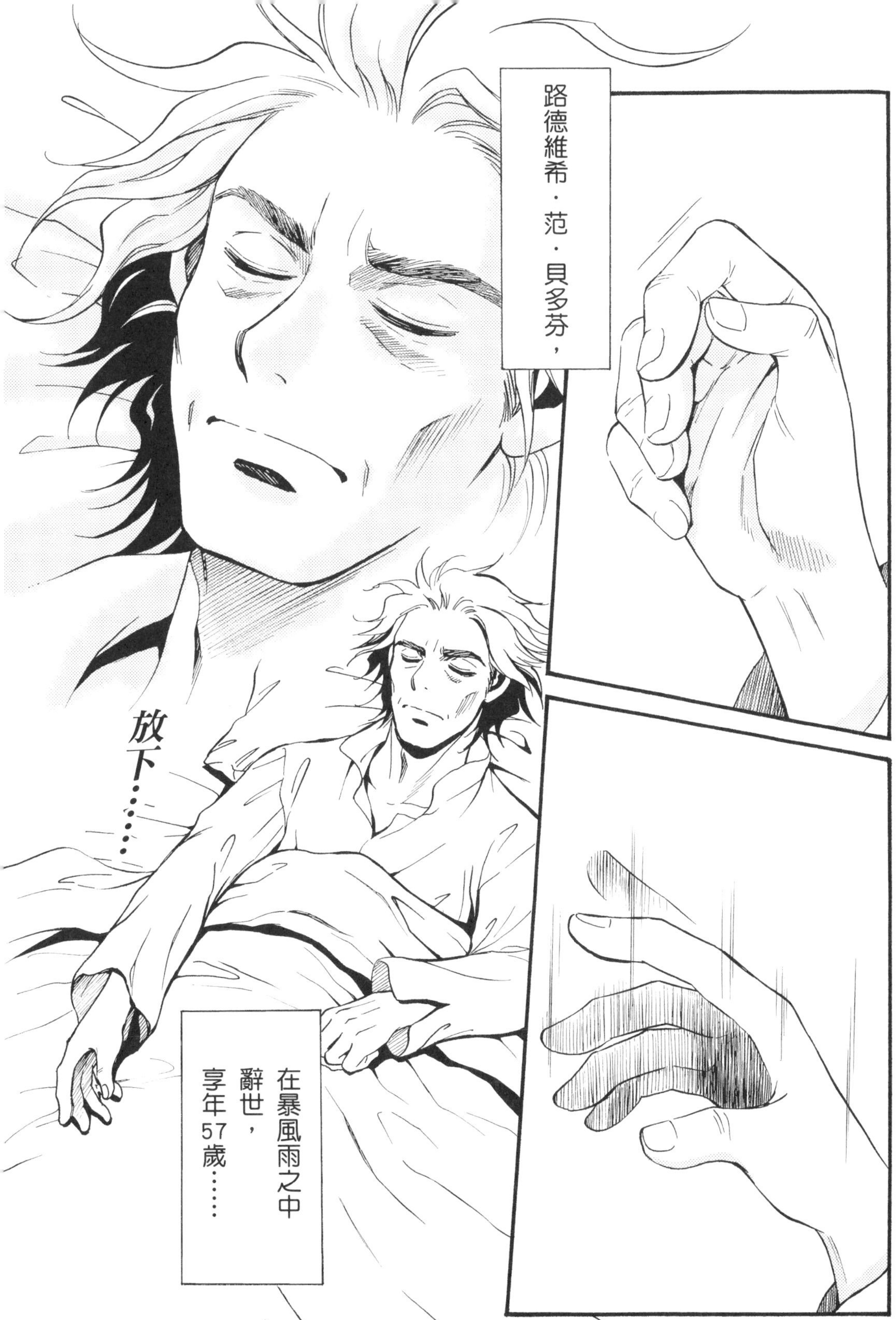
路德維希・范・貝多芬，
放下……
在暴風雨之中
辭世，
享年57歲……

他的葬禮在三月二十九日舉行。
超過兩萬名民眾前來致意，向偉大的作曲家道別。
全維也納的音樂家都出席了貝多芬的葬禮，
其中，極其尊敬貝多芬的舒伯特※也在列。
現在貝多芬靜靜地長眠於維也納中央墓園。
Beethoven

※奧地利作曲家。

生活貧苦，在嚴苛練習中度過的年少歲月、
戀情破滅、
喪失聽力的時候——
貝多芬都從不氣餒，抬頭挺胸地面對刻苦的命運。
「從痛苦轉為喜悅」
沒錯……他的生命歷程就如同《第五交響曲——命運》一般。

熱愛自由、平等、和平的音樂家——
貝多芬的音樂，現在仍舊不斷為世界上的人們帶來勇氣與希望。

Ludwig van Beethoven

增長見聞的學習教室

- 進一步認識貝多芬
- 貝多芬生活的時代
- 參考文獻

進一步認識 貝多芬

基礎知識解說

貝多芬的一生

據說貝多芬的個性非常頑固又乖僻（彆扭）。身為藝術家和一個人，他總是懷抱著強烈的意念和驕傲努力活著。接下來，就讓我們一起跟著貝多芬走過的足跡看看吧！

改變音樂家的模式

當時的音樂家，都靠什麼生活呢？

大部分的音樂家，其實都受雇於宮廷（城堡）。當時只有貴族能夠支付金錢給音樂家。因此音樂家工作的地方都是宮廷。除此之外，還會教授貴族鋼琴，或是接受貴族或教堂的委託創作樂曲等。但是貝多芬對自己身

貝多芬的情人

貝多芬雖然終身未婚，但卻曾經多次墜入愛河。後人發現他寫的情書，上面寫著「不滅的情人」，只不過至今還沒有人知道不滅的情人指誰。

為藝術家的身分感到自豪，他不為貴族寫曲，而是創作自己想寫的樂曲。在當時的音樂家之中，這樣的想法及生活方式非常罕見，他也改變了後代音樂家的模式。

貝多芬居住的地方

貝多芬曾在波昂及維也納等地居住過，前後搬家過很多次。當時的維也納被稱為音樂之都，莫札特等無數的音樂家都曾活躍於此地。據說貝多芬居住的地方以維也納為中心，包含周邊的城鎮，一生總共搬家超過八十多次。

貝多芬出生的家，位於波昂。現在改建成博物館，名為「貝多芬之家」。

貝多芬之墓，位於維也納。

©ANTO/Markowitsc

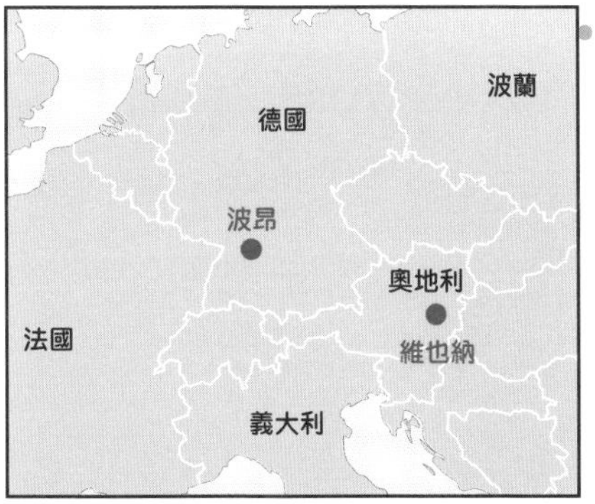

波昂現在是屬於德國（聯邦共和國）的都市。維也納則是現在的奧地利首都。

他三十歲時，獻給當時喜歡的茱麗葉塔的《第十四鋼琴奏鳴曲──月光》。

基礎知識
解說

貝多芬身邊的人們

貝多芬被人稱為「樂聖」。樂聖指的是傑出的音樂家。正如這句話，貝多芬直到現在，還給許多人帶來莫大的影響。接下來，讓我們一起看看跟貝多芬有關的人們吧！

沃夫岡・阿瑪迪斯・莫札特

生於1756年
卒於1791年

莫札特是人們稱為「天才」的奧地利作曲家。原本擔任宮廷音樂家的父親列奧波爾德，發現他的音樂天賦，他從小就跟隨父親前往歐洲各地演奏。他在五歲時創作出第一首樂曲，被人們譽為「神童」。從六歲起長達十年的旅程，他在不同國家認識了許多人，有幸在眾人面前大展長才。

莫札特的才華很早就獲得大眾認同，他從二十歲左右起，便以宮廷音樂家的身分四處活動，但是卻經常為金錢所苦。他三十一歲左右，認識了

海頓

莫札特

貝多芬。

從歌劇到交響曲，他一生中創作了超過六〇〇首的樂曲，尤其以《土耳其進行曲》、《邱比特》，以及歌劇《費加洛婚禮》和《魔笛》最為知名。

法蘭茲．約瑟夫．海頓

生於1732年
卒於1809年

海頓是奧地利的作曲家。他曾是活躍於少年聖歌隊中的高音歌手（soprano），青年時期才開始學習作曲。二十五歲之後受雇於匈牙利宮廷，受到侯爵等貴族的援助，年過七十仍能精力十足地創作樂曲。代表作有《第九十四號交響曲——驚愕》、《第一〇一號交響曲——時鐘》，以及《天地創造》等。海頓直到七十七歲過世前，創作了超過一〇〇首的交響曲，因此後人稱之為「交響曲之父」。

莫札特和貝多芬都很尊敬海頓，莫札特甚至創作了一首名叫《海頓弦樂四重奏》的樂曲。

雖然貝多芬常跟別人意見相左，但其實許多人都很敬仰他。一八二七年，他以五十七歲的年紀過世後，有高達兩萬人前來參加他的葬禮。

貝多芬的葬禮在維也納盛大舉行。據說舒伯特也在列。

約翰．沃爾夫岡．馮．歌德

生於1749年 卒於1832年

德國詩人兼作家，創作出許多名留青史的名作，如戲曲《浮士德》及小說《少年維特的煩惱》等。

喜歡閱讀書籍的貝多芬非常熱愛歌德的書，同時歌德也相當認同貝多芬的才華。據說貝多芬四十一歲時認識了六十三歲的歌德，兩人時常一起暢談音樂及文學。

只不過後來留下了一則軼事：某次兩人見面時出現了一名貴族。歌德當時對貴族畢恭畢敬的模樣，令貝多芬感到非常遺憾。導致歌德和貝多芬的感情惡化，從此之後漸行漸遠。

拿破崙．波拿巴

生於1769年 卒於1821年

法國皇帝。原本是下級貴族，參加法國大革命，表現活躍。

一七九九年發起政變創立新政府，一八〇四年成為皇帝的拿破崙，除了

歌德

拿破崙

英國以外，征服了全歐洲。其實他只大貝多芬一歲。

◆與貝多芬有關的音樂家◆

影響貝多芬的音樂家

巴哈
德國作曲家。為巴洛克音樂巨擘，人們稱他為「音樂之父」。

奈弗
教導少年時代的貝多芬演奏鋼琴。

莫札特
貝多芬十六歲左右認識了他。

海頓
教導貝多芬如何作曲，但其實海頓不太能理解貝多芬創作的曲子。

貝多芬

受到貝多芬影響的音樂家

徹爾尼
奧地利作曲家。少年時期拜貝多芬為師，後來寫出鋼琴練習曲。

舒伯特
奧地利作曲家。30歲時，前去探望生病的貝多芬。貝多芬過世後，也參加了他的葬禮。

孟德爾頌
德國作曲家。也曾擔任指揮，大力推廣貝多芬的樂曲。

蕭邦
波蘭作曲家。靠著自學，創作出許多鋼琴樂曲。

舒曼
寫出許多鋼琴曲的德國作曲家。奏鳴曲等受到貝多芬的影響。

華格納
德國作曲家。少年時代聽了貝多芬的樂曲後，便立志成為音樂家。

布拉姆斯
德國作曲家。受貝多芬影響甚大，創作出無數的交響曲。

基礎知識解說

貝多芬與音樂

貝多芬的人生充滿了痛苦、煩惱和喜悅。他透過人生中體會到的感受，創作出無數的音樂。或許就是因為如此，他的音樂才會至今仍能撼動人心。

貝多芬的代表作

貝多芬一生創作的樂曲超過三〇〇首。接下來要介紹他創作的樂曲中，最知名的幾首曲子。

第五交響曲《命運》

從給人深刻印象的旋律「噹噹噹噹——！」開始，是貝多芬的創作中，最具代表性的樂曲。他想表示的是「命運就像這樣來敲門」，而這首

位於維也納的貝多芬家。《第九交響曲》就是在這裡寫的。©ANTO/Diejun

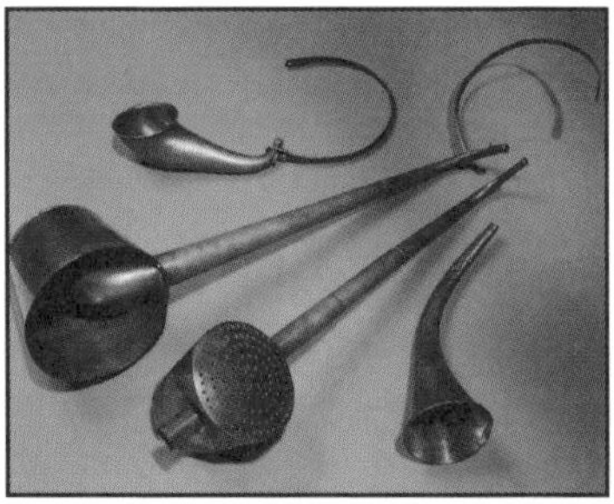

被認為是貝多芬聽力惡化後使用的助聽器。

曲子描寫了他與命運的戰爭及勝利。演奏時用了短笛和長號等當時不太使用在交響曲中的新樂器。

第九交響曲《合唱》

他為詩人席勒的《歡樂頌》這首詩譜上了樂曲。交響曲中加入合唱是非常罕見的，加上歌詞也在謳歌人類的理想，因此被譽為貝多芬創作藝術的頂點。

第五鋼琴協奏曲《皇帝》

他獻給奧地利魯道夫大公的曲子，也是貝多芬最後的協奏曲。據說這首曲子改變了以往鋼琴協奏曲的編排，加上樂曲聲勢壯闊，因而獲得「皇帝」的美名。

《給愛麗絲》

貝多芬於一八一〇年創作的鋼琴曲，被分類為「小品（Bagatelle，簡短的鋼琴曲）」。貝多芬自己寫下了註釋「獻給我與愛麗絲的回憶」。比較有力的說法認為，愛麗絲就是讓他產生了結婚念頭的特蕾莎。

其他的代表曲

交響曲
- 第三交響曲《英雄》
- 第六交響曲《田園》

鋼琴協奏曲
- 第三鋼琴協奏曲
- 第四鋼琴協奏曲

鋼琴奏鳴曲
- 第八鋼琴奏鳴曲《悲愴》
- 第十四鋼琴奏鳴曲《月光》
- 第二十三鋼琴奏鳴曲《熱情》

小提琴奏鳴曲
- 第五小提琴奏鳴曲《春》
- 第九小提琴奏鳴曲《克羅采奏鳴曲》

弦樂四重奏
- 第七弦樂四重奏《第一號拉茲莫夫斯基》
- 第十三弦樂四重奏

其他
- 第二小步舞曲
- 小提琴協奏曲
- 芭蕾音樂《普羅米修斯的創造物》
- 歌劇《費德里奧》

樂曲前面為什麼會有編號？

例如《第五交響曲——命運》或《第二十三鋼琴奏鳴曲——月光》等，貝多芬的樂曲都有編號。

當時的音樂，大多不會替每一首曲子命名，因此作曲家本人或後來的研究者，便依照作曲的先後順序加上編號。

也就是說，《第五交響曲》是交響曲這項分類中，第五首被創作出來的曲子。《命運》或《月光》之類的名字，多半也是後來才依樂曲的印象加上去的。

日本人與《第九》

《第九交響曲》以《第九》的暱稱廣為人知。第四樂章《歡樂頌》是一首讚頌和平的歌曲，全世界的人們都會唱。

《第九》在日本也非常受歡迎，除夕夜時經常歡唱這首曲子。為什麼

十七世紀的鋼琴祖先大鍵琴（又稱撥弦鍵琴）。琴鍵連接內部裝置撥動琴弦發出聲響。

十八世紀的小鍵琴（又稱擊弦鍵琴、翼琴）。按下琴鍵後，連接的小鎚子會由下往上敲擊琴弦發出聲響。

會在除夕夜演唱《第九》呢？

貝多芬的音樂是在大正時代（一九一二年～一九二六年間）傳入日本的。在收音機的推波助瀾下，他的樂曲在日本大受歡迎。第二次世界大戰結束後，日本非常貧窮，演奏家也為生活所苦。不僅如此，過年期間甚至沒有演奏的機會。因此，演奏家就趁著過年前，演奏深受歡迎的《第九》賺取金錢，好迎接新年的來臨。這樣的習慣保留到現在，《第九》被大家認定為一首特別的樂曲，全國各地都會在除夕夜演奏《第九》。

貝多芬與鋼琴

鋼琴有幾個琴鍵呢？答案是88個。可以演奏出7個八度音和4分之1音符。貝多芬那個時代的鋼琴，琴鍵61個，只能彈出5個八度音。不過，一八〇三年，法國埃拉爾（Erard）公司贈送貝多芬一架68鍵的鋼琴；一八一八年，英國布洛德伍德（Broadwood）公司贈送他一架73個琴鍵、可以彈出6個八度音的鋼琴。琴鍵增加代表可以彈出的音域更廣。鋼琴就像要回應貝多芬變得更加寬廣的音樂性一樣，也跟著進化了。

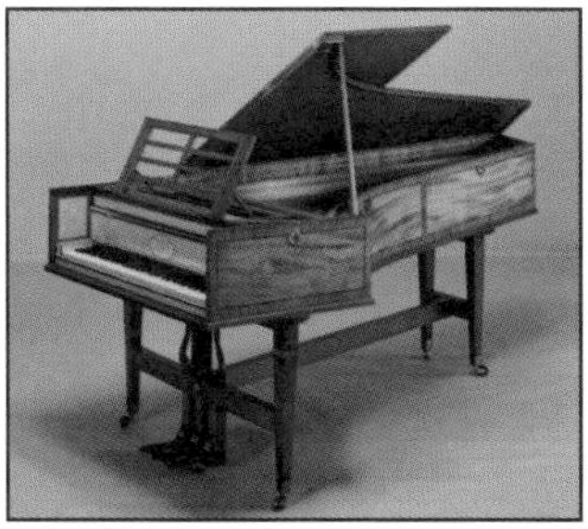
十八世紀左右的68鍵鋼琴。

鋼琴的歷史

鋼琴是利用小鎚子敲打「琴弦」發出聲響。中國及伊朗等地也有相同構造的樂器。原本在外側的琴弦，被收入樂器之中，後來又加上鍵盤，終於演變成現在的模樣。

照片提供：日本濱松市樂器博物館。

基礎知識
解說

古典音樂的趣味小知識

貝多芬創造的音樂被稱為古典，在古典音樂之中也算是「古典派」。另外，還有屬於交響曲的《第九》。所謂的交響曲，到底是什麼呢？

學會古典音樂的相關用語和知識，欣賞音樂時會變得更加有趣。

古典音樂的歷史

古典音樂主要指在西洋蓬勃發展的藝術性音樂，原本是在教堂演唱的詩歌，或使用替歌曲伴奏的樂器所演奏出來的音樂；古典音樂正是從上述兩者逐漸發展而成的。後來宗教色彩逐漸褪去，只剩樂器演奏樂曲。並且隨著時代的演變，誕生了許多不同的樣式。

人聲鼎沸的貝多芬音樂節。
©Barbara Frommann

貝多芬音樂節

貝多芬出生的故鄉德國波昂，從二〇〇四年開始，每年秋天都會舉辦名為「貝多芬音樂節」的音樂慶典。除了在大禮堂內演奏交響樂之外，也能在波昂街上各種不同的地方聽到鋼琴奏鳴曲等。

十七世紀起，開始興盛的古典音樂形式稱為「巴洛克」；十八世紀末期至十九世紀前半，廣為流傳的模式稱為「古典派」；十九世紀發展最蓬勃的形式，則稱為「浪漫派」。

海頓、莫札特及貝多芬都是屬於古典派的作曲家。

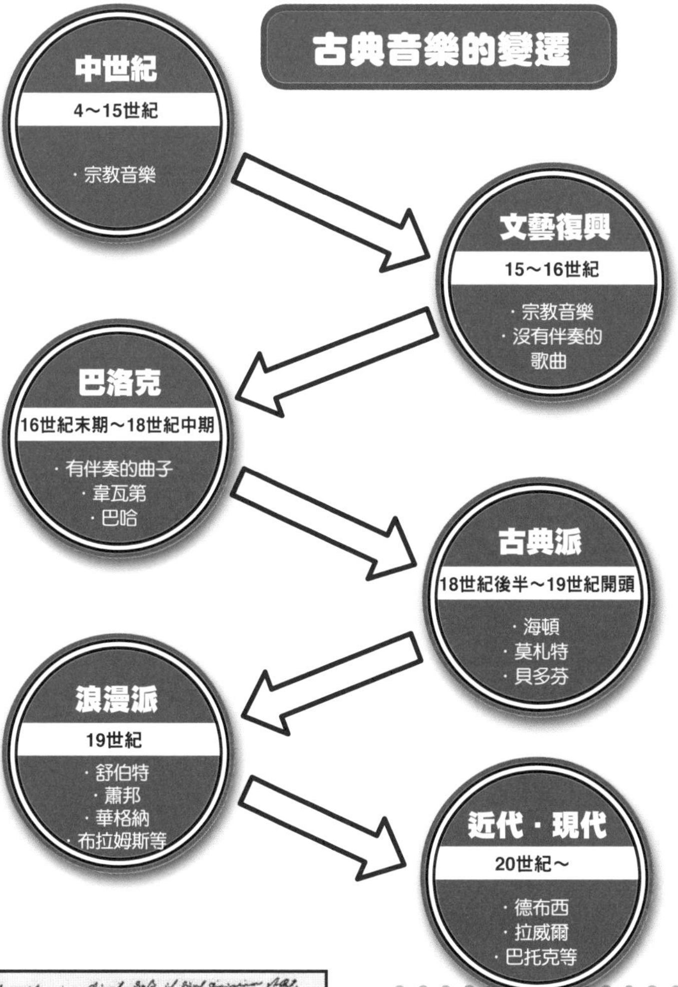
古典音樂的變遷
中世紀
4～15世紀
・宗教音樂
文藝復興
15～16世紀
・宗教音樂
・沒有伴奏的歌曲
巴洛克
16世紀末期～18世紀中期
・有伴奏的曲子
・韋瓦第
・巴哈
古典派
18世紀後半～19世紀開頭
・海頓
・莫札特
・貝多芬
浪漫派
19世紀
・舒伯特
・蕭邦
・華格納
・布拉姆斯等
近代・現代
20世紀～
・德布西
・拉威爾
・巴托克等

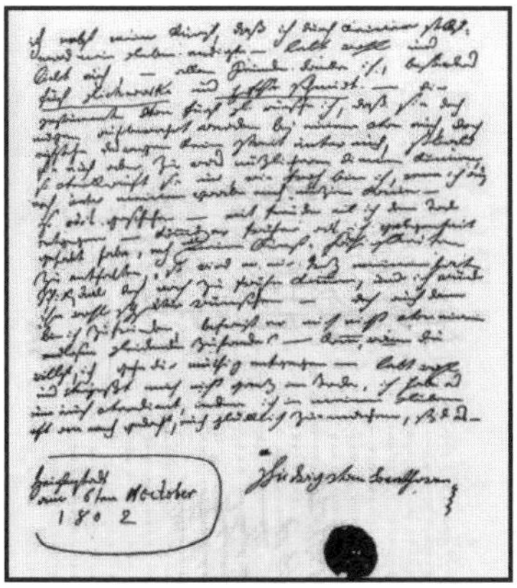

這封信被稱為「海利肯施塔特遺書」。

貝多芬的遺書（見左圖）

三十一歲的貝多芬深受耳疾所苦，他前往維也納近郊的海利肯施塔特休養。他在寫給兩個弟弟的信裡，娓娓道來自己承受的苦楚。

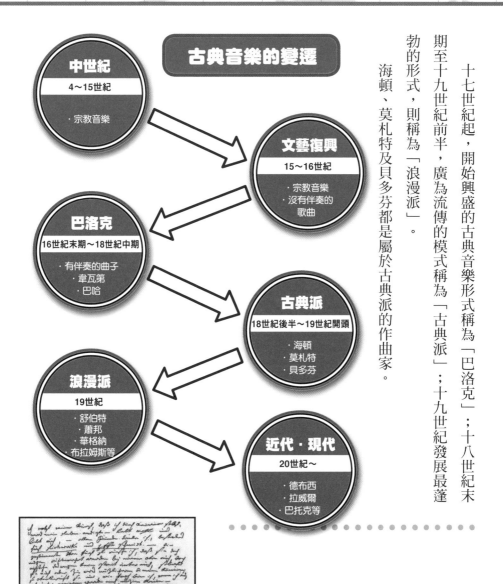

古典音樂的種類

雖然統稱古典音樂，但其實有各種曲風不同的樂曲。接下來，我們一起看看古典音樂中最經常使用的用語。

【管弦樂團（orchestra）】指各種弦樂器、管樂器、打擊樂器合奏的型態，也稱為管弦樂。組成樂團的人數可從十多人到超過一百人。

【合奏（ensemble）】ensemble在法文裡是「一起」的意思。在音樂中指人數較少的演奏者團體。

【歌劇（opera）】是一種透過歌曲和音樂表演的音樂劇。歌劇結合了歌曲、管弦樂演奏、戲劇和舞蹈等要素。

【宗教音樂】對神祈禱時，以及宗教儀式中演唱或演奏的音樂，就可稱為宗教音樂。在古典音樂中，指在基督教教堂裡演奏的音樂。宗教音樂歷史源遠流長，一般認為九世紀左右教堂裡演唱的聖歌，多年演進下演變成現在的古典音樂。

【宮廷音樂】從古羅馬時代起，為了宮廷中的國王或貴族演奏的音樂。

樂器的演進

貝多芬的時代除了鋼琴以外，還有許多新樂器誕生。貝多芬在自己的音樂裡積極採用長號或短笛之類的新樂器。當時那些進步的樂器，現在也還在使用。

長號

短笛

十八世紀的短笛

照片提供：日本濱松市樂器博物館

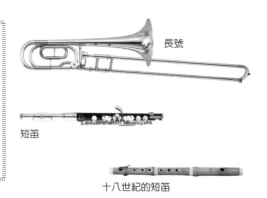

與宗教音樂相反，屬於比較容易親近的音樂。

【協奏曲】由鋼琴、小提琴、大提琴及管樂器等「獨奏樂器」，和管弦樂團合奏的樂曲。又稱為「concerto」。

【組曲】由好幾首曲子組合而成的樂曲。組曲最初是在十六世紀左右，組合了幾首舞蹈用樂曲製成的，但是到了十八世紀左右一度消失。現在的組曲有合奏用的曲子，也有獨奏用的曲子，涵蓋的範圍相當廣泛。歌劇或芭蕾中演奏的曲子組合起來，也可稱為組曲。

【前奏曲】指組曲等樂曲中，第一首演奏的曲子。現在習慣將前奏曲從原本的樂曲中分離出來獨自演奏。

【交響曲】誕生於十八世紀後半，是為了管弦樂團所製的樂曲。由好幾個個別獨立的部分（樂曲）——也就是「樂章」組合而成。

【室內樂】從巴洛克時代開始持續到現在的音樂型態之一。所謂的「室內」指的是宮廷；室內樂屬於人數較少的合奏，每個人演奏不同的聲部。

【吹奏樂】指使用管樂器的合奏音樂。另外，由於近代軍隊多會演奏吹奏樂，使吹奏樂的發展更加蓬勃，後來加入打擊樂器，演變成吹奏樂團。

【銅管樂隊（brass band）】屬於吹奏樂的一種，特別是指只用銅管樂器和打擊樂器演奏的音樂。

管弦樂團配置圖例

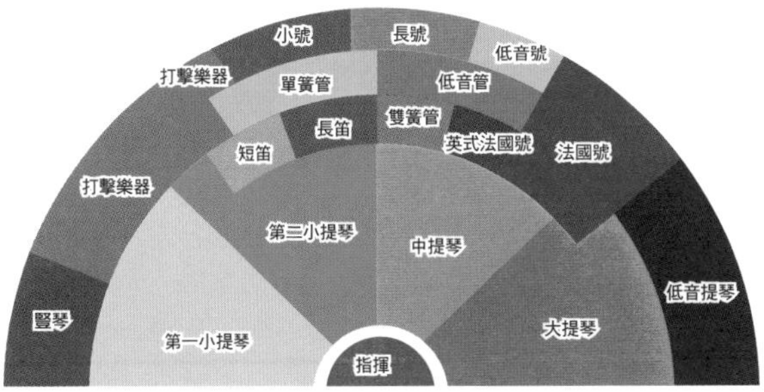

小號
長號
低音號
打擊樂器
單簧管
低音管
長笛
雙簧管
短笛
英式法國號
法國號
打擊樂器
第二小提琴
中提琴
低音提琴
豎琴
第一小提琴
大提琴
指揮

獨奏樂器

所謂的獨奏樂器，就是指僅供一個人單獨演奏的樂器。例如：鋼琴、吉他、小提琴及長笛等等。合奏時也使用獨奏樂器。

基礎知識 年表

貝多芬 生活的時代

查詢年表的方法
年齡以當年的足歲表示。

西曆	年齡	貝多芬的生平	世界和日本發生的大事
1770年		十二月十六日出生於德國波昂，是父親約翰和母親瑪麗亞的第一個兒子。被命名為路德維希・范・貝多芬，跟祖父同名。	
1773年	3歲	祖父過世。	
1774年	4歲	開始跟父親約翰學習鋼琴等樂器。弟弟帕斯卡出生。	杉田玄白出版《解體新書》。
1776年	6歲	弟弟約翰出生。	美國脫離英國獨立。
1778年	8歲	參加演奏會，第一次在觀眾面前演奏鋼琴。向宮廷風琴演奏家艾登學習風琴。	

1781年	11歲	向宮廷風琴演奏家奈弗學習風琴及作曲。 和母親瑪麗亞一起到荷蘭演奏。	
1782年	12歲	譜出《以戴斯勒先生一首進行曲為主題的羽管鍵琴變奏曲》，並第一次出版樂譜。 代替奈弗在教堂彌撒中演奏風琴。 認識將來的摯友韋格勒。	
1783年	13歲	創作《三首鋼琴奏鳴曲WoO.47》。	美國獨立戰爭結束。
1784年	14歲	受雇成為宮廷風琴演奏家。	
1787年	17歲	在奧地利維也納見到莫札特。 接獲母親瑪麗亞病危通知，趕回波昂。 母親瑪麗亞病逝。	
1788年	18歲	認識華爾斯坦伯爵，獲得伯爵援助。 開始教導布洛寧家的孩子彈鋼琴。	
1789年	19歲	進入波昂大學就讀。 被任命為宮廷樂團的第一風琴演奏家。	法國大革命爆發。

西曆	年齡	貝多芬的生平	世界和日本發生的大事
1792年	22歲	獲准成為作曲家海頓的徒弟。在華爾斯坦伯爵的援助下，出發前往維也納。父親約翰過世。	
1793年	23歲	離開海頓，改向作曲家申克（Schenk）學習作曲。向薩列里學習聲樂與作曲。	法國國王路易十六世和王后瑪麗安東尼遭到處刑。
1794年	24歲	跟宮廷風琴演奏家阿爾布雷希茨貝格學習作曲法。	
1795年	25歲	在維也納城堡劇院音樂會上，以鋼琴家出道。	
1799年	29歲	開始指導布倫斯維克家長女特蕾莎與二女約瑟芬彈奏鋼琴。	
1800年	30歲	第一次在城堡劇院表演《第一交響曲》和《七重奏曲》。收卡爾．徹爾尼為徒。開始教導布倫斯維克姊妹的表妹茱麗葉塔彈奏鋼琴。	
1801年	31歲	將耳朵惡化一事告訴友人韋格勒。	

年份	年齡	事件
1802年	32歲	耳疾加劇，前往海利肯施塔特療養。寫下遺書。
1803年	33歲	法國Erard公司贈送貝多芬三角鋼琴。
1805年	35歲	第一次演奏《第三交響曲——英雄》。貝多芬創作的第一部歌劇《雷歐諾拉》上演。
1808年	38歲	第一次演奏《第五交響曲——命運》及《第六交響曲——田園》。
1809年	39歲	海頓逝世。
1811年	41歲	為了療養，前往波西米亞的溫泉地特普利采。
1812年	42歲	在特普利采寫下情書「致不滅的情人」。見到詩人歌德。
1813年	43歲	完成《第七交響曲》。

西曆	年齡	貝多芬的生平	世界和日本發生的大事
1815年	45歲	弟弟卡斯帕過世。 依照卡斯帕的遺言，成為其獨生子卡爾的監護人。	拿破崙於滑鐵盧之役戰敗。
1816年	46歲	收養姪子卡爾，送卡爾就讀寄宿學校。 以亞特雷斯（Jeitteles）的詩完成聲樂套曲《給遠方的愛人》。	
1817年	47歲	為了療養發燒型的腸部疾病，前往海利肯施塔特。	
1818年	48歲	英國布洛德伍德（Broadwood）公司贈送貝多芬新型鋼琴。 耳朵幾乎聽不見，開始使用談話冊。	
1819年	49歲	完成《卡農》。 因為卡爾的撫養權，與卡爾生母多次鬧上法院。	

年份	年齡	事件
1820年	50歲	獲法院認定，擁有卡爾的撫養權。
1822年	52歲	完成第三十一鋼琴奏鳴曲《降A大調奏鳴曲》。 完成第三十二鋼琴奏鳴曲《C小調奏鳴曲》。
1823年	53歲	完成《莊嚴彌撒》。 出版《以安東·迪亞貝利的圓舞曲為主題的三十三首變奏》。
1824年	54歲	第一次表演《第九交響曲》和《莊嚴彌撒》。
1825年	55歲	獲選為維也納樂友協會的名譽會員。
1826年	56歲	卡爾試圖自殺，獲救。
1827年	57歲	三月二十六日，在暴風雨中辭世。 葬禮在聖三教堂舉行，埋葬在維令根墓園。

參考文獻

《貝多芬的一生》
青木やよひ著、平凡社
《貝多芬　彩色版作曲家的生平》
平野昭著、新潮社
《ＣＤ有聲書　一本讀懂貝多芬》
山田治生等人編著、成美堂出版
《戲劇性的貝多芬～包裝製作自己的專家～》
石井清司著、YAMAHA MUSIC MEDIA
《彩色圖解　鋼琴的歷史》
小倉貴久子著、河出書房新社
《標準音樂辭典》
音樂之友社
《名曲解說全集》
音樂之友社
《少年少女傳記文學館　貝多芬》
畑山博著、講談社
《貝多芬》
加藤純子著、POPLAR口袋文庫、POPLAR社
《看看這個人！創造歷史的偉人傳　貝多芬》
PROJECT新・偉人傳著、POPLAR社

照片提供／YAMAHA MUSIC MEDIA

野人文化
讀者回函卡

野人

書　名 ______________________

姓　名 ______________________ □女 □男　年齡 ______

地　址 ______________________

____

電　話 ______________ 手機 ______________

Email ______________________

□同意 □不同意　收到野人文化新書電子報

學　歷 □國中(含以下)□高中職 □大專 □研究所以上

職　業 □生產/製造 □金融/商業 □傳播/廣告 □軍警/公務員
□教育/文化 □旅遊/運輸 □醫療/保健 □仲介/服務
□學生 □自由/家管 □其他

◆你從何處知道此書？
□書店：名稱 ____________ □網路：名稱 ____________
□量販店：名稱 ____________ □其他 ____________

◆你以何種方式購買本書？
□誠品書店 □誠品網路書店 □金石堂書店 □金石堂網路書店
□博客來網路書店 □其他 ____________

◆你的閱讀習慣：
□親子教養 □文學 □翻譯小說 □日文小說 □華文小說 □藝術設計
□人文社科 □自然科學 □商業理財 □宗教哲學 □心理勵志
□休閒生活（旅遊、瘦身、美容、園藝等） □手工藝／DIY □飲食／食譜
□健康養生 □兩性 □圖文書／漫畫 □其他 ______

◆你對本書的評價：（請填代號，1. 非常滿意　2. 滿意　3. 尚可　4. 待改進）
書名 ____ 封面設計 ____ 版面編排 ____ 印刷 ____ 內容 ____
整體評價 ____

◆你對本書的建議：

____

____

____

____

野人文化部落格 http://yeren.pixnet.net/blog
野人文化粉絲專頁 http://www.facebook.com/yerenpublish

廣　告　回　函
板橋郵政管理局登記證
板 橋 廣 字 第 143 號

郵資已付　免貼郵票

野人

23141
新北市新店區民權路108-2號9樓
野人文化股份有限公司 收

請沿線撕下對折寄回

野人

書號：0NNC4002

小野人02

漫畫版 世界偉人傳記 ②

貝多芬

（二版）

漫　　畫　迎夏生
監　　修　YAMAHA MUSIC MEDIA
譯　　者　黃瀞瑤

野人文化股份有限公司

社　　　　　　長　張瑩瑩
總　　編　　　輯　蔡麗真
副　　主　　　編　王智群
責　任　編　　輯　陳瑞瑤
行　銷　企　　劃　林麗紅
版　面　設　　計　洪素貞
封　面　設　　計　果實文化

出　　版　野人文化股份有限公司
發　　行　遠足文化事業股份有限公司（讀書共和國出版集團）
地址：231 新北市新店區民權路 108-2 號 9 樓
電話：（02）2218-1417 傳真：（02）8667-1065
電子信箱：service@bookrep.com.tw
網址：www.bookrep.com.tw
郵撥帳號：19504465 遠足文化事業股份有限公司
客服專線：0800-221-029
法律顧問　華洋法律事務所　蘇文生律師
印　　製　成陽印刷股份有限公司
初　　版　2016 年 6 月
二　　版　2021 年 6 月
二版3刷　2023 年 6 月

國家圖書館出版品預行編目 (CIP) 資料

漫畫版世界偉人傳記 . 2, 熱情！貝多芬（克服耳聾殘疾的偉大音樂家）/ 迎夏生漫畫；黃瀞瑤譯 . -- 二版 . -- 新北市：野人文化股份有限公司：遠足文化事業股份有限公司發行 , 2021.06
面；　公分 --（小野人；2）

1. 貝多芬 (Beethoven, Ludwig van, 1770-1827) 2. 傳記 3. 漫畫

781.08　　110007588

野人文化官方網頁

野人文化讀者回函

線上讀者回函專用 QR CODE，你的寶貴意見，將是我們進步的最大動力。

ISBN 978-986-384-528-7（精裝）

我的音樂，

克服困難，

再怎麼惡劣的情況，
也有可能
出現轉機，
轉往好的方向。

我
爲何要作曲？
因爲
必須釋放出
心中的
千頭萬緒。